8 Juin 1911

OBJETS D'ART

DE CURIOSITÉ

DES XVI ET XVIII SIÈCLES

EXEMPLAIRE D'ALFRED STRAUSS

PARIS — JUIN 1911

CATALOGUE

DES

OBJETS D'ART

ET DE CURIOSITÉ

ANCIENNES PORCELAINES DE CHINE ET DE SÈVRES

SCULPTURES ANCIENNES

PARAVENT EN SAVONNERIE DU XVIIIe SIÈCLE

LIVRE

Dont la Vente aux Enchères publiques aura lieu

HOTEL DROUOT, Salle N° 10

LE JEUDI 8 JUIN 1911

A TROIS HEURES ET DEMIE

<table>
<tr><td>COMMISSAIRE-PRISEUR
Me F. LAIR-DUBREUIL
6, rue Favart</td><td>EXPERTS
MM. PAULME & B. LASQUIN Fils</td></tr>
</table>

EXPOSITIONS

PARTICULIÈRE : *Le Mardi 6 Juin 1911, de 1 h. 1/2 à 6 heures.*

PUBLIQUE : *Le Mercredi 7 Juin 1911, de 1 h. 1/2 à 6 heures.*

CONDITIONS DE LA VENTE

Elle sera faite au comptant.

Les adjudicataires paieront *dix pour cent* en sus des enchères.

L'exposition mettant le public à même de se rendre compte de l'état et de la nature des objets, il ne sera admis aucune réclamation une fois l'adjudication prononcée.

Paris. — Imprimerie de l'Art, Ch. Berger, 41, rue de la Victoire

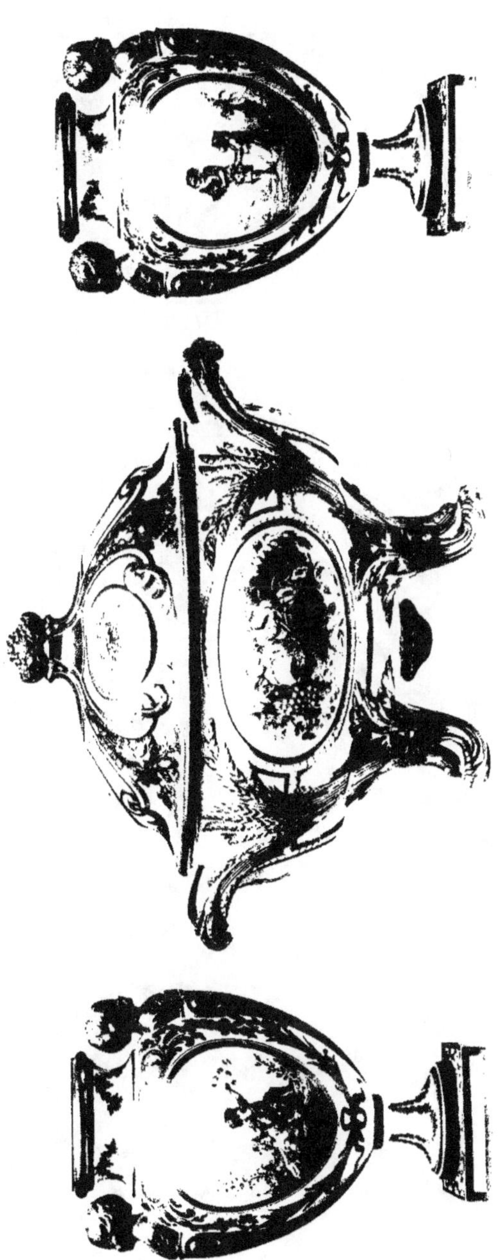

DÉSIGNATION

PORCELAINES DE SÈVRES

1 — PAIRE DE VASES ovoïdes sur piédouches en ancienne porcelaine dure de Sèvres. Ils sont ornés de deux anses faites de bustes d'enfants simulant le bronze doré, et décorés de deux médaillons à fleurs et personnages sur fond blanc chargé de feuillage en dorure. Epoque Louis XVI.

2 — GRANDE SOUPIÈRE et son couvercle, de forme ovale, à deux anses et quatre pieds, en ancienne porcelaine dure de Sèvres. Ils sont ornés de motifs modelés en relief simulant le bronze doré et décorés de médaillons à bouquets de fleurs et trophées d'attributs divers. Marque de Vincent. Epoque Louis XVI.

PORCELAINES DE CHINE

3 — Paire de vases-rouleaux en ancienne porcelaine de
Chine émaillée noir. Socles à feuillage, en bronze.

Haut., 51 cent.

4 — Paire de très grandes potiches, forme balustres, en
ancienne porcelaine de Chine, de l'époque *Kien-lung*,
décorées en émaux de couleur : Fong-hoan, oiseaux
divers et arbustes fleuris sur la panse ; riche lambre-
quin chargé de fleurs sur fond vermiculé, bande à
carrelage fond rose et petits paysages, à l'épaulement ;
canaux simulés et attributs variés sur fond rose à la
base ; elles sont munies de couvercles en bois peint.

Haut., 1 m. 05 cent.

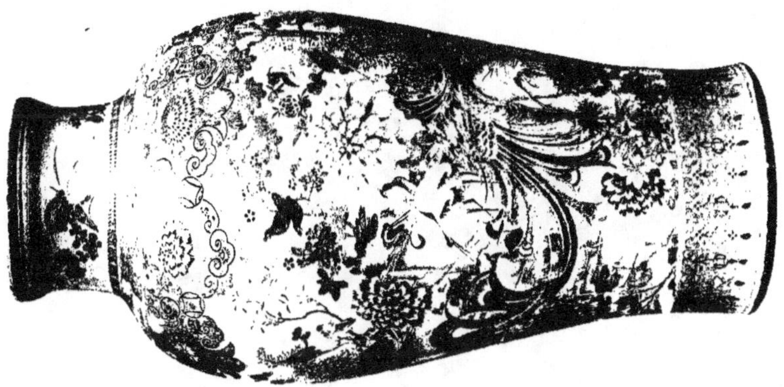

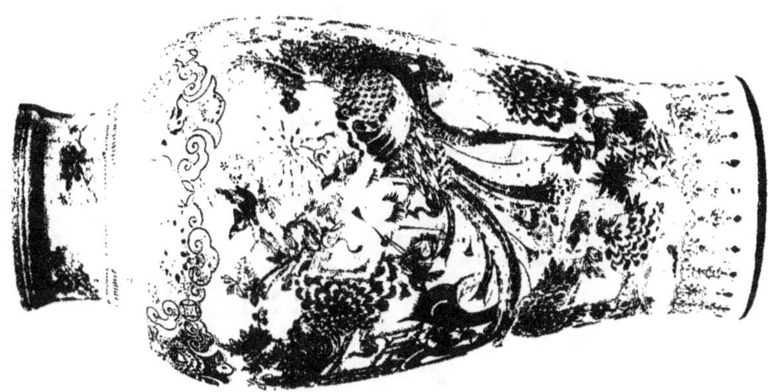

SCULPTURES

5 — BUSTE-RELIQUAIRE en bois sculpté polychromé et par-
tiellement doré, représentant une sainte femme. XVIᵉ
siècle.

                      Haut., 52 cent.

6 — AUTRE BUSTE-RELIQUAIRE en bois sculpté, analogue au
précédent. XVIᵉ siècle.

                      Haut., 55 cent.

7 — QUATRE PANNEAUX rectangulaires en hauteur en bois
sculpté, représentant des trophées variés, cartouches à
rocailles et attributs divers suspendus par un nœud de
ruban. Époque Louis XV.

          Haut., 2 m. 55 cent.; larg., 65 cent.

8 — STATUETTE en terre cuite, attribuée à Clodion,
représentant un faune debout drapé et portant dans
ses mains une coupe de fruits. Socle en marbre de
Sienne.

                Haut. totale, 41 cent. 1/2.

9 — COUPE ovale avec couvercle, sur piédouche, en
albâtre, à décor de feuillage et pomme de pin; mon-
ture en bronze doré à entrelacs ajourés.

                    Haut., 32 cent. 1/2.

PARAVENT EN SAVONNERIE

10 — PARAVENT en bois doré, muni de six feuilles, en ancien tapis de la Savonnerie, du temps de la Régence. Chacune des feuilles offre en son centre un médaillon à sujets d'animaux tirés des *Fables de Lafontaine*. Encadrements faits de fleurs, feuillages et arabesques sur fond jaune.

Dimensions d'une feuille : Haut., 1 m. 28 cent.; larg., 53 cent.

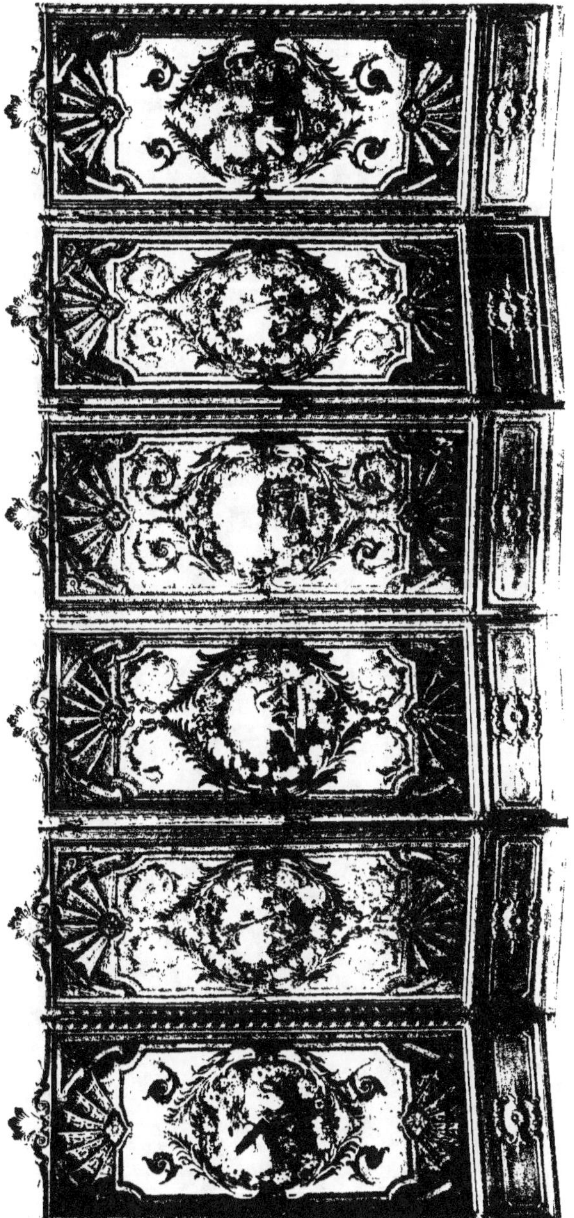

LIVRE

11 — *Oriental carpets.* Ouvrage publié par le Musée com-
mercial autrichien et le South-Kensington Museum.
Vienne, 1892. — Trois vol. in-fol., dont deux vol. de
planches en noir et en couleur et un vol. de texte.